Gulliver Taschenbuch 532

Paul Maar, geboren 1937, studierte Malerei und Kunstgeschichte, arbeitete als Bühnenbildner und Kunsterzieher und lebt heute als freier Schriftsteller in Bamberg. Er ist Autor von Theaterstücken, Fernsehdrehbüchern sowie Hörfunkerzählungen und veröffentlichte viele Bilder- und Kinderbücher, darunter *Eine Woche voller Samstage* (Auswahlliste Deutscher Jugendliteraturpreis), *Lippels Traum* (Österreichischer Staatspreis) und *Türme* (Deutscher Jugendliteraturpreis). Für sein Gesamtwerk wurde er mit dem Großen Preis der Deutschen Akademie für Kinder- und Jugendliteratur ausgezeichnet.

Nikolaus Heidelbach, geboren 1955, studierte Germanistik, Kunstgeschichte und Theaterwissenschaften und lebt als freischaffender Künstler in Köln. Im Programm Beltz & Gelberg erschienen von ihm u.a. die Bilderbücher *Prinz Alfred*, *Das Elefantentreffen* (Oldenburger Jugendliteraturpreis), *Der Ball oder Ein Nachmittag mit Berti* (Troisdorfer Bilderbuchpreis, Auswahlliste Deutscher Jugendliteraturpreis), *Was machen die Mädchen?* (Bologna Ragazzi Fiction-Award), *Was machen die Jungs?* und zuletzt *Die dreizehnte Fee*. Daneben illustrierte er Texte von Christine Nöstlinger, Josef Guggenmos sowie das zum Klassiker avancierte Buch *Märchen der Brüder Grimm*. Für sein Gesamtwerk wurde Nikolaus Heidelbach mit dem Sonderpreis des Deutschen Jugendliteraturpreises ausgezeichnet.

Der Text des vorliegenden Buches erschien erstmals in der Märchenanthologie *Daumesdick*, herausgegeben von Hans-Joachim Gelberg, Weinheim 1990. Die Illustrationen entstanden anlässlich einer Filmfassung für das Kinderprogramm des ZDF.

www.beltz.de
Gulliver Taschenbuch 532
© 1993, 2002 Beltz Verlag, Weinheim, Basel, Berlin
Programm Beltz & Gelberg, Weinheim
Alle Rechte vorbehalten
Einbandgestaltung von Max Bartholl
Einbandbild von Nikolaus Heidelbach
Gesetzt nach der neuen Rechtschreibung
Gesamtherstellung Druckhaus Beltz, 69494 Hemsbach
Printed in Germany
ISBN 3 407 78532 1
1 2 3 4 5   06 05 04 03 02

PAUL MAAR · NIKOLAUS HEIDELBACH
DER AUFZUG

BELTZ
& Gelberg

In Rosenheim lebt ein Mädchen, das heißt Rosa und hat rote Haare. Es wohnt mit seinen Eltern ganz oben in einem Hochhaus, im achten Stock. Jeden Morgen, wenn Rosa zur Schule muss, steigt sie in den Aufzug, drückt die Taste, auf der »E« steht, und fährt hinunter. Jeden Mittag, wenn Rosa nach Hause kommt, drückt sie die Taste, auf der »8« steht, und fährt hinauf.

Es ist ein ganz gewöhnlicher Aufzug in dem Hochhaus, mit einer Metalltür, die beim Aufgehen irgendwo in der Wand verschwindet, mit einer milchigen Deckenbeleuchtung, einer breiten Haltestange aus Aluminium und einem schmalen Spiegel. Links neben der Tür gibt es eine Reihe von Knöpfen, die Zahlen oder Buchstaben zeigen: 8, 7, 6, 5, 4, 3, 2, 1, E und U.

Einmal, als ihre Eltern abends in die Volkshochschule gegangen waren, lag Rosa lange wach und konnte nicht einschlafen. Da hörte sie draußen vor der Flurtür das Surren des Aufzugs. Es machte »kling«, wie immer, wenn der Aufzug sein Ziel erreicht hatte und seine Tür sich öffnete. Sie hörte auch deutlich das Rumpeln, mit dem sich die Metalltür zur Seite schob, aber dann blieb es merkwürdig still. Niemand stieg aus dem Aufzug, weder Rosas Eltern noch sonst jemand.

Rosa lauschte eine Weile.

Als immer noch keiner ausstieg, stand sie von ihrem Bett auf, ging zur Wohnungstür und schaute hinaus, genau in den offen stehenden Aufzug.

Er sah anders aus als sonst, fast wie ein kleines, viel zu hoch geratenes Wohnzimmer. Von der Decke hing eine Hängelampe, die Wände waren mit einer Rosentapete bespannt, der Spiegel sah aus wie ein Fenster, mit schweren roten Samtvorhängen, und auf dem Boden lag ein dicker Teppich.

Ein kleiner Mann saß hinter einem Tischchen auf einem Sofa, zupfte die blumenbestickte Tischdecke zurecht und sagte: »Da bist du also, dann kann die Reise ja endlich losgehen. Komm herein und setz dich!«

»Was für eine Reise?«, fragte Rosa und setzte sich in einen Sessel. »Wohin denn?«

»Wohin denn wohl! Natürlich nach unten. Nach oben kann die Reise ja schlecht gehen, denn oben sind wir schon«, sagte das Männchen. »Jetzt drück schon auf eine Taste!

Den Knopf gedrückt

und ab im Nu!

Doch wähle gut,

drück nicht auf U!«

Rosa drückte auf die Taste, auf der »7« stand.

»Sieben?«, sagte das Männchen. Na, das wird eine kurze Reise werden. Gerade Zeit genug, ein Stückchen Kuchen zu essen und ein Schlückchen Himbeerwein zu trinken.«

Das Männchen öffnete einen kleinen Schrank, holte einen Kuchen, zwei Teller, eine Flasche und zwei Gläser heraus und stellte alles auf den Tisch.

»Aber bis zum siebten Stock dauert es nicht einmal eine halbe Minute!«, sagte Rosa.

»Red nicht soviel, iss deinen Kuchen!«, sagte das Männchen, schnitt zwei Stücke ab, ein dickes für sich, ein schmales für Rosa, und schenkte die beiden Gläser voll.

»Zum Wohl!«, sagte es dann, hob sein Glas und trank es mit einem Schluck leer, schob sich mit einem »Guten Appetit!« das ganze Stück auf einmal in den Mund und schnitt sich gleich ein neues, noch dickeres ab.

Der Aufzug fuhr derweilen, fuhr und fuhr und schien überhaupt nicht mehr anhalten zu wollen. So trank auch Rosa ihr Glas in kleinen Schlückchen leer und aß ihren Kuchen dazu. Kaum war sie fertig, wurde der Aufzug langsamer, machte »kling« und hielt an. Die Tür rumpelte auf.

Draußen war nicht die Wohnungstür von Familie Wellershoff aus dem siebten Stock zu sehen, man schaute in eine weite, helle Landschaft. Sieben Raben flogen über einen See – auf dessen Wellen sieben Schwäne schaukelten – und verschwanden hinter den sieben Bergen. Sieben Geißlein sprangen über ein Buch mit sieben Siegeln, während sieben Männer einen langen Spieß durch die Gegend trugen.

Rosa deutete auf sie und sagte: »Wer sind denn …«

Das Männchen schien ihre Frage schon erwartet zu haben und antwortete, ohne hinzusehen: »Die sieben Schwaben.«

Von den sieben Bergen her kamen kleine Männer auf den Aufzug zu. Sie hatten spitze Mützen auf dem Kopf und trugen Schaufeln und Pickel über der Schulter.

»Eins, zwei, drei, vier, fünf, sechs …«, zählte Rosa. »He, warum sind es nur sechs Zwerge?!«

»Na, warum wohl!«, sagte das Männchen und schob sich ein weiteres Stück Kuchen in den Mund.

Die sechs Zwerge hatten nun Rosa und das Männchen entdeckt und kamen rasch näher.

»Da steckt er!«, schrie der erste Zwerg und deutete zum Aufzug.

»Komm heraus, du Faulpelz!«, rief der zweite.

»Hilf gefälligst mit!«, der dritte.

Der vierte sagte: »Sitzt auf dem Sofa und lässt es sich gut gehn, während wir arbeiten!«

Der fünfte: »Und isst Kuchen!«

Der sechste: »Trinkt unseren Himbeerwein!«

»Schnell, drück auf die 8! Mach doch!«, rief das Männchen. »Schnell, schnell!«

Rosa drückte auf die Taste mit der »8«. Die Tür schloss sich und der Aufzug setzte sich in Bewegung.

»Gut gemacht«, sagte das Männchen.

Da hielt auch schon der Aufzug.

Rosa schlüpfte durch die offene Wohnungstür, ging in ihr Zimmer, legte sich ins Bett und war gleich darauf eingeschlafen.

Am nächsten Donnerstag, als ihre Eltern wie immer zur Volkshochschule gegangen waren und Rosa wach in ihrem Bett lag, hörte sie, wie wieder der Aufzug höher und höher kam und im achten Stock hielt.

Diesmal stand sie gleich auf, ging schnurstracks zum Aufzug, wo das Männchen auch wirklich hinter dem Tisch auf dem Sofa saß, ließ sich in einen der Sessel sinken und sagte: »Dritter Stock, bitte!«

»Dritter Stock, dritter Stock«, wiederholte das Männchen ärgerlich. »So einfach geht das nicht. Zuerst muss mal der Zauberspruch aufgesagt werden. Außerdem wirst du den Knopf gefälligst selbst drücken, ich bin nicht dein Diener.

Den Knopf gedrückt

und ab im Nu!

Doch wähle gut,

drück nicht auf U!«

Rosa drückte die Taste, auf der »3« stand.

»Na schön, na gut«, sagte das Männchen. »Da haben wir ja eine lange Reise vor uns. Genug Zeit, um zwei Stück Kuchen zu essen und ein Glas Erdbeerwein zu trinken.«

Es öffnete das Schränkchen, holte Kuchen und Flasche, Teller und Gläser heraus, teilte Rosa zwei schmale Kuchenstücke zu und sich den Rest. Der Aufzug fuhr derweilen, fuhr und fuhr und schien überhaupt nicht mehr anhalten zu wollen. Erst als Rosa aufgegessen hatte, wurde er langsamer, machte »kling« und hielt an. Die Tür rumpelte auf.

Draußen fuhren Drillinge auf einem Dreirad mit Dreigangschaltung über eine dreispurige Straße, hatten einen Dreispitz auf dem Kopf und eine Triangel in der Hand. Im Hintergrund sah man die Heiligen Drei Könige feierlich auf ihren Kamelen vorbeireiten, während die drei Müllerssöhne im Schatten Skat spielten.

»Nun, willst du nicht hinausgehen und dich umsehen?«, fragte das Männchen.

Rosa sagte: »Warum sollte ich? Ich weiß doch schon alles vorher: Die Bäume werden natürlich dreieckig sein, die drei Musketiere werden da herumreiten und auf drei Brüder mit drei goldenen Haaren treffen, die drei Wünsche frei haben und …«

»Wenn du so dreimalklug bist und alles vorher weißt, kannst du ja gleich wieder hinauffahren in deine 8!«, rief das Männchen zornig.

»Das werde ich auch«, sagte Rosa, drückte auf die oberste Taste, fuhr hinauf, legte sich ins Bett und schlief ein.

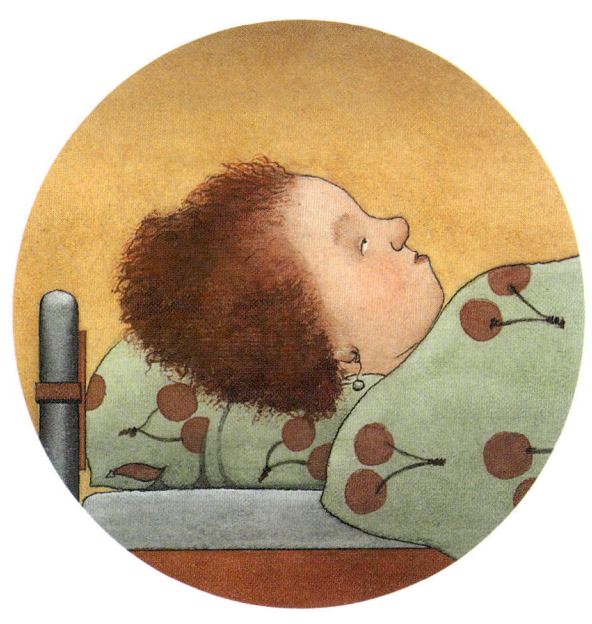

Eine Woche später stand Rosa schon oben an der Wohnungstür, als der Aufzug heraufkam und die Tür aufsprang.
»Sieh mal an! Das letzte Mal hast du dich gelangweilt und heute kannst du's kaum abwarten«, sagte das Männchen.
»Ich weiß auch schon, was ich heute wähle«, antwortete Rosa und setzte sich in ihren Sessel. »Sag deinen Zauberspruch!«
Das Männchen tat ihr den Gefallen.

»Den Knopf gedrückt

und ab im Nu!

Doch wähle gut,

drück nicht auf U!«

»Doch, genau das werde ich jetzt tun!«, sagte Rosa. »Ich will doch mal sehen, was geschieht, wenn ich auf U drücke.«
»Auf U?«, rief das Männchen erschrocken. »Tu das nicht! Willst du nicht lieber E wählen? E ist wunderschön, E ist ebenerdig. Es gibt da echte Enten, Esel, Eber und Elche, Eschen und Erlen, Erdbeerbecher …«
»Langweilig!«, sagte Rosa und drückte die Taste mit dem »U«.
»Uuuuh«, heulte das Männchen, verkroch sich hinter das Sofa und zog die Tischdecke über sich.

Da wurde der Aufzug auch schon langsamer, es machte »kling« und die Tür rumpelte auf.
Draußen war ein großer, düsterer Raum zu sehen, mit einer Betondecke, einem Betonfußboden und viereckigen Betonpfeilern, zwischen denen leere Autos standen. Zwei Lichter kamen auf den Aufzug zu, bogen nach rechts ab, ein Auto hielt, der Motor wurde abgestellt, die Wagentüren öffneten sich.

»Das ist ja Rosa!«, rief Rosas Mutter. »Kind, was tust du denn hier in der Tiefgarage!«

»Rosa, um Himmels willen. Was machst du im Schlafanzug hier unten, mitten in der Nacht!«, rief Rosas Vater. »Schnell, schnell nach oben und gleich ins Bett, du Schlafwandlerin!«

Alle drei stiegen in den Aufzug, der jetzt wieder ganz normal aussah, und fuhren hinauf in den achten Stock.
Und kaum hatten die Eltern Rosa zu Bett gebracht, war sie auch schon eingeschlafen.
Ob das Männchen wiedergekommen ist?
Das weiß man noch nicht, denn die Geschichte mit dem »U« ist vorgestern passiert und Rosas Eltern haben erst wieder am Donnerstag ihren Volkshochschulabend.